L'espionne veut la vérité

Une histoire écrite par Marie-Aude Murail
illustrée par Frédéric Joos

J'AIME LIRE
BAYARD POCHE

007

1

Les opérations d'amour

Dimanche dernier, mon grand frère Noël m'a demandé :

– Ça marche toujours ton club d'espionnage ?

C'est un club que j'ai fait avec des garçons de ma classe de CM1 parce que je veux être agent secret plus tard. J'ai dit :

– On ne fait plus d'espionnage en ce moment. On fait des opérations d'amour.

Mon frère a ouvert des grands yeux. Je savais que ça allait l'intéresser parce qu'il a dix-neuf ans et il est très fort sur les opérations d'amour, surtout les multiplications. Je lui ai montré une opération d'amour. Mais j'ai bien précisé :

– C'est juste pour faire un exemple.

J'ai écrit : R+A = ♥ et j'ai expliqué :

– Ça veut dire : Romarine et Angelo s'aiment.

– Ah, okay, okay, a murmuré Noël, très, très intéressé.

Il a écrit : N+A = ♥. J'ai deviné :

– Ça veut dire Noël et Arielle s'aiment !

Mon frère m'a fait un clin d'œil et il a écrit plein d'opérations d'amour avec toutes les filles qu'il connaît. N+B = ♥. N+S = ♥... J'ai dit :

– Tu es un drôle de menteur, quand même.

Au dîner, il a continué ses opérations d'amour avec les spaghettis. C'était assez dégoûtant parce qu'il faisait des N et des T et des V en nouilles sur la nappe.

– Mais il est fou, a dit Papa, avec son air tout raplapla.

Noël a mis du ketchup sur un des cœurs.

– Regarde, Papa, je saigne d'amour...

Le lundi, en classe, on s'est passé des bouts de papier avec des opérations d'amour. Moi, je n'en écris pas. J'ai quatre amoureux que je n'aime pas et ça me suffit comme ça. Madame Maillard, notre maîtresse, a fini par remarquer quelque chose. Elle a dit :

– Emmanuel, veux-tu m'apporter le papier que tu as posé sur le bureau de Mehdi ?

Elle a lu à voix haute :

– R plus A égalent un cœur. C'est quoi, ce rébus ?

J'ai rougi parce qu'il n'y a qu'un R dans la classe et c'est Romarine. Toutes les filles m'ont regardée. Heureusement, Emmanuel n'a rien répondu à la maîtresse. Mais moi, je me suis demandé qui m'avait mise dans une opération d'amour avec Angelo. J'ai pensé que c'était un garçon de mon club. À la récré, je leur ai demandé. Emmanuel, Mehdi et les deux

Grégory m'ont dit que ce n'était pas eux. J'ai regardé Angelo. Il m'a fait une grimace :

– Je connais qu'une opération d'amour. C'est zéro plus zéro égalent Angelo.

J'ai décidé de savoir la vérité.

2

Ma formule secrète

Dans un album de Tintin, *Vol 714 pour Sydney*, le méchant docteur Krollspell invente un sérum de vérité. J'ai regardé quand il fait la piqûre à Rastapopoulos pour le forcer à parler. C'est page 24. Mais le docteur Krollspell ne donne pas la recette de son sérum. J'ai regardé dans le dictionnaire :

Sérum de vérité : composé barbiturique employé en narco-analyse...

Bon, laisse tomber. J'ai réfléchi toute seule et j'ai écrit : V+W+Ta+Px2. C'est la formule du sérum de vérité que j'ai inventée. Il me restait encore à le fabriquer et à cacher la formule parce que, si ça tombait dans les mains d'un dictateur du monde, on serait mal.

Je suis allée à la cuisine pour me faire mon composé de barbitruc, comme c'est écrit dans le dictionnaire. J'ai pris un grand verre. J'ai mis

du V rouge, celui que Papa a ouvert hier au dîner. J'ai ajouté du W que j'ai pris dans le bar des apéritifs. J'ai mis quinze gouttes de Ta. Et déjà trois gouttes dans le jus de tomate, ça fait sauter au plafond. Puis j'ai mis une double dose du P que j'ai trouvé à côté de la salière. J'ai reniflé mon sérum et j'ai éternué. Trop fort.

– Qu'est-ce que tu te prépares ? a demandé ma sœur Boubouillasse, en entrant.

– Un petit cocktail. Tu en veux ?

Si Boubouillasse buvait de mon sérum de vérité, elle m'avouerait où elle a mis mon compas. Elle dit que ce n'est pas elle qui me l'a piqué. Mais moi, je suis sûre qu'elle ment. Boubouillasse a reniflé mon sérum et elle a éternué.

– Tu es folle ? Tu as mis du poivre dedans.

Enfer ! Elle a trouvé un des composants de mon composé. Il faut que je cache mon sérum parce que je n'ai pas du tout envie que ma sœur devienne dictatrice du monde. Elle est déjà assez embêtante comme ça, avec sa crise de l'adolescence, comme l'appelle Maman.

J'ai mis mon sérum dans un flacon d'eau de toilette qui était presque vide et j'ai réfléchi au moyen de m'en servir. Le mieux, ce serait que les gens boivent de mon sérum sans le savoir. Par exemple, je le mélange dans la soupe. C'est juste un exemple parce que je mange aussi de la soupe et je n'ai pas envie d'avouer que j'ai piqué le stylo quatre couleurs de Boubouillasse pour me venger du compas. J'ai cherché une meilleure solution et soudain, j'ai eu une très bonne idée. Le vin ! Il n'y a que Papa qui en boit

et Maman, le dimanche, quand elle n'a pas mal à la tête. Si Papa buvait de mon sérum, il me dirait la vérité au sujet de Mamie. Mamie, c'est la maman de Papa. Elle n'a pas du tout l'air d'une grand-mère parce qu'elle fait son sport en montant les escaliers. Mais moi, je voudrais savoir où est Papy. Papa prétend qu'il est mort. Mais Maman m'a dit un jour que Papy avait quitté Mamie. J'allais pouvoir apprendre la vraie vérité. J'ai mélangé mon sérum avec le vin en le secouant. Ça a fait de la mousse violette sur le dessus. J'ai rebouché et j'ai attendu le dîner avec impatience.

À table, Papa s'est servi du vin et Noël a tendu son verre. Je me suis écriée :

– Tu ne vas pas en boire ?

– Dis donc, moustique, je suis majeur !

Horreur ! Il allait se mettre à tout raconter sur ses amoureuses. Les parents n'en savent pas la moitié ! J'ai voulu le sauver et j'ai dit :

– Mais tu n'en bois jamais !

– On a le droit de faire des exceptions, a dit Maman en tendant aussi son verre.

Catastrophe ! Maman allait dire la vérité à Papa. Elle m'a raconté qu'à quinze ans elle était amoureuse d'un garçon trop beau qui s'appelait Jimmy. Si Papa l'apprenait, ça serait la grosse dispute et le divorce. J'ai dit d'un ton pleurnichard :

– Mais Maman, ça te donne mal à la tête, le vin...

– Le vin blanc, ma puce, a répondu Maman.

– Je peux en avoir aussi ? a demandé ma sœur.

Ils étaient tous devenus fous. Papa s'est mis à rire en donnant du vin à Boubouillasse.

– Qu'est-ce qu'on fête, ce soir ?

Dans un sens, c'était une catastrophe parce que tout le monde allait dire ses secrets. Dans un autre sens, ça m'arrangeait parce que je pourrais récupérer mon compas.

– Tu en veux un petit peu ? m'a demandé Papa.

J'ai bouché mon verre avec la main en rugissant : « Ah non ! » Des mensonges, j'en dis plein. Alors, merci bien ! Papa a levé son verre en faisant :

– À nos amours !

– Stooop ! a hurlé Noël.

Tout le monde est resté le verre en l'air.

– Ça pue, ce truc, a dit Noël en montrant le vin. Tu as senti ?

Papa a reniflé au-dessus de son verre.

– Je ne sens rien... Mais tu sais, je suis enrhumé.

Maman a porté le verre à ses lèvres. Oh là là, elle allait parler de Jimmy !

– Pouah ! C'est infect ! Il a tourné. Il va m'entendre, mon marchand. Huit euros pour du vinaigre !

J'ai bien surveillé Maman toute la soirée. Elle n'a jamais parlé de Jimmy. Dans un sens, c'était mieux pour le divorce. Dans un autre sens, ça m'inquiétait pour le sérum de vérité. Je n'avais peut-être pas trouvé la bonne formule.

3

Ça marche !

Mon sérum n'était pas assez concentré. Le matin, je me suis levée avant tout le monde. J'ai pris les gouttes pour le rhume qui sont dans la pharmacie et je les ai vidées dans l'évier. J'ai mis mon sérum à la place et j'ai complété avec plein de Tabasco. Puis j'ai laissé tomber vingt gouttes dans la cafetière. Papa est le seul à boire du café.

Ça m'arrangeait parce que le secret qui m'intéressait vraiment, c'était au sujet de Papy. Le compas, c'était moins important.

Tout le monde est arrivé dans la cuisine en bâillant.

– J'ai besoin de me réveiller ce matin, a dit Noël. Je vais prendre du café.

Ah non ! Ça n'allait pas recommencer. Papa est arrivé de la salle de bains à ce moment-là, avec son air pas content :

– Noël, quand tu m'empruntes mon eau de toilette, tu pourrais la remettre sur mon étagère.

– C’est quoi, ce délire ? a fait mon frère, en se versant du café.

– Je ne délire pas, merci, a répondu Papa, encore moins content. Je ne trouve plus mon eau de toilette. Elle était presque pleine !

Oh, le menteur ! Elle était presque vide. Noël n’a rien pu répondre parce qu’il venait de prendre une gorgée de café. Il s’est mis à crier.

– Tu t’es brûlé ? s’est affolée Maman.

– Aaaah, aaaah, a fait Noël, en attrapant la bouteille d’eau.

Il a bu à même la bouteille puis il a demandé à Papa :

– Mais tu mets quoi dans ton café ? C'est horriblement fort !

– Ton fils est né pour jouer la comédie, a dit Papa à Maman. Tout ça pour ne pas m'avouer qu'il m'a piqué mon eau de toilette...

– Écoute, Papa, je n'ai pas besoin de ton eau de toilette pour plaire aux filles, a répondu Noël.

Oh là là, mon sérum de vérité commençait à agir. Noël a ajouté :

– Elles sont toutes folles de moi !

J'ai dit :

– Non, non, non !

Je voulais qu'il se taise.

– Quoi, « non, non, non » ? a fait Noël, l'air vexé. Tu veux que je te montre mon carnet d'adresses ? Rien que pour la lettre A, j'ai déjà Arielle, Alexandra et Amandine...

– Noël ! ont grondé Papa et Maman en chœur.

– À la lettre B, j'ai Bénédicte et Béatrice, a continué Noël.

Il allait tout avouer ! J'ai quitté la cuisine en me bouchant les oreilles. C'était terrible de penser que j'avais trouvé la bonne formule. En même temps, c'était super.

4

Le papier est meilleur que le sucre

À la récré, j'ai rassemblé mon club d'espions et j'ai sorti mon flacon.

– C'est du sang ? m'a demandé Emmanuel.

– C'est un sérum de vérité. Si on en boit quelques gouttes, on est obligé d'avouer.

J'avais apporté des morceaux de sucre. J'ai compté dix gouttes sur un sucre. Il est devenu tout rose.

– Mais on avoue quoi ? m'a demandé Emmanuel.

– Ses secrets. Tiens, mange.

Je lui ai mis le sucre dans la bouche.

– Mais je n'ai pas de secrets, a fait Emmanuel, la bouche pleine. Aaah, c'est fort ! Ça pique !

Il a craché le sucre.

– Si, tu as des secrets, a dit Grégory n° 1.

Emmanuel crachait toujours. Il a répété en pleurnichant :

– Non, je n'ai pas de secrets !

– Si, a dit Grégory n° 1. C'est toi qui as écrit l'opération d'amour : R+A = ♥.

– C'est faux ! a crié Emmanuel. C'est Angelo qui l'a écrit. Il m'avait dit de pas le dire.

J'ai crié aussi :

– Ça marche ! Ça marche !

Et j'ai embrassé mon flacon de sérum de vérité.

Mes espions ont voulu savoir comment je l'avais fabriqué.

– Je vais vous écrire la formule sur un petit papier. Mais c'est hyper dangereux parce que, si elle tombe entre les mains d'un dictateur du monde ou d'un CM2, on est mal.

– Tu l'écris, a dit Grégory n° 2, on l'apprend par cœur et après, on le détruit.

J'ai eu une meilleure idée pour mon entraînement d'agent secret :

– On coupe le papier en cinq et on en mange chacun un bout.

J'ai pris une feuille dans mon cahier de brouillon et j'ai écrit ma nouvelle formule plus concentrée :

J'ai expliqué à voix basse que c'était du vin avec du whisky plus une quadruple dose de Tabasco et une double dose de poivre. Les Grégory et Mehdi ont regardé Emmanuel avec des grands yeux parce qu'il avait avalé tout ça sans être mort. J'ai dit :

– Dépêchez-vous d'apprendre la formule par cœur.

Ils l'ont répétée plein de fois, en fermant les yeux pour mieux retenir. Puis j'ai déchiré le papier en cinq morceaux et j'ai fait la distribution. Tout le monde voulait le plus petit bout. J'ai commencé à mâcher le mien. J'ai cru qu'il allait devenir élastique comme du chewing-gum. Mais il est devenu tout dur. Tout le monde se demandait :

– Ça y est ? Tu l'as avalé ?

Emmanuel a réussi en premier. Il a trouvé que c'était meilleur que le sucre.

J'étais encore en train de mâcher quand Angelo s'est approché de nous. Il ne fait pas partie de mon club mais il vient souvent à nos réunions.

– Qu'est-ce que vous faites comme espionnage, en ce moment ?

– Rien, a dit Mehdi, en avalant sa boulette de papier.

Angelo s'est assis avec nous sans me jeter un regard. Il fait souvent comme si je n'existais pas. Est-ce qu'il avait vraiment écrit l'opération d'amour avec mon nom ? Peut-être qu'Emmanuel avait dit une fausse vérité ? C'est possible. C'est ce que font les espions quand on les torture. Ils disent : « La formule secrète est planquée chez ma mamie. » Et ce n'est pas vrai. La formule secrète est chez leur papy (parce que la mamie et le papy de l'espion sont divorcés). Avec tout ça, c'est très difficile de savoir la vérité, même avec mon sérum. Il fallait que j'en fasse prendre une mégadose à Angelo et à Papa. Mais comment ?

5

L'addition des malheurs

J'avais tout mon mercredi pour améliorer ma formule. J'ai voulu ajouter de l'alcool à 90°. Mais, quand je suis arrivée dans la salle de bains, Papa y était déjà. Il cherchait ses gouttes pour le rhume.

– C'est incroyable ! Tout disparaît, dans cette maison.

J'ai préféré mettre une cuillère de moutarde de Dijon. J'avais un plan pour faire parler

Angelo : vider tout un compte-gouttes de sérum dans son assiette, à la cantine.

Le jeudi était un jour de ratatouille.

– Pas beaucoup, pas beaucoup ! a dit Angelo à la dame qui sert les plats avec sa louche.

Je me suis assise à côté de lui. J'avais le flacon dans ma poche. Par chance, il s'est relevé pour aller chercher de l'eau. Vite, j'ai vidé le compte-gouttes dans sa ratatouille. Ça faisait une petite flaque rouge sang, mais ça ne se voyait pas trop. Angelo est revenu s'asseoir. Il a grimacé en regardant son assiette. Il m'a demandé :

– Tu veux ma ratatouille ?

– Ah, non ! Je déteste ça !

Angelo a commencé par ses carottes râpées. Mais il a fait une autre grimace :

– Immonde !

C'est toujours ce qu'il dit à la cantine. Il n'aime que les nouilles de sa maman parce qu'il est italien. J'ai dit :

– Essaie la ratatouille. Avec le riz, c'est mangeable.

Il a pataugé avec sa fourchette dans son assiette de ratatouille, plitch, platch, en faisant sa tête de boudeur. Il a poussé un soupir et il a avalé un peu de ratatouille avec du riz. Il a ouvert des grands yeux étonnés.

– C’est hyper bon ! Ils ont mis du piment. J’adore le piment.

Angelo a mangé toute la ratatouille. Après, il a bu toute la carafe d’eau en faisant « pin pon pin pon ». Il avait les yeux brillants et la bouche très rouge. Il y a quelque chose qu’il faut dire à propos d’Angelo. Sa maman l’a appelé Angelo à sa naissance parce qu’il était beau comme un ange. Elle me l’a dit et, en plus, c’est vrai.

Au dessert, je lui ai demandé :

– C’est toi qui as écrit l’opération d’amour avec nos deux noms ?

Comme il avait pris la dose maximum de mon sérum, il était obligé de dire la vérité. Il m'a fait sa grimace préférée avec le nez plissé et il m'a répondu :

– Je connais qu'une opération d'amour, c'est la soustraction.

J'ai pensé : « Tu es peut-être beau comme un ange, Angelo, mais tu es méchant comme mille diables. »

À la récré de la cantine, je suis restée toute seule pour penser à des choses tristes. Ce n'était pas une bonne idée parce que deux grands du CM2 sont venus m'embêter. C'était Erwan et un de ses copains. Ils disent qu'ils font aussi un club d'espionnage.

– File-nous ton sérum de vérité, a dit Erwan en me marchant presque sur les pieds.

J'avais très peur, mais j'ai répondu :

– Je n'en ai pas.

– Emmanuel raconte partout que tu lui en as fait prendre sur un sucre, a dit Erwan en me marchant carrément sur les chaussures.

Enfer ! Erwan allait s'emparer de mon sérum et devenir le dictateur de l'école. Il m'a poussée et je me suis cogné la tête dans le gros platane.

– Donne !

Je cherchais par où m'échapper, mais comme je commençais à pleurer, je n'y voyais plus rien. Alors, j'ai donné mon flacon et Erwan s'est enfui avec son complice. Moi aussi, je me suis enfuie pour aller pleurer tranquille. J'avais une grosse bosse et j'avais perdu mon sérum et Angelo ne m'aimait pas et je ne saurais jamais la vérité pour Papy.

Ça faisait une grande addition de malheurs, et je pleurais, assise par terre, derrière les cabinets.

– Qu'est-ce que tu as ?

J'ai relevé la tête.

– J'ai rien.

– Si. Tu pleures.

Angelo s'est assis à côté de moi. Il s'est penché vers moi et il a passé la langue sur mes larmes.

– Tu es fou ?

– Non. C'est bon. C'est salé.

Il aime le piment et il aime le sel, Angelo.

6

La vérité sur Papy

Le vendredi matin, j'ai fait semblant de me doucher en laissant couler l'eau. Je ne pouvais plus me laver parce qu'Angelo avait écrit une opération d'amour sur mon poignet. Je voulais la garder toute ma vie ou au moins jusqu'au dimanche.

Papa était tout seul dans la cuisine en train de prendre son café. Il dormait presque sur son bol. Je me suis assise en face de lui. Il m'a demandé :

– Ça va, ma puce ?

– Ça va... Mais au fait, pourquoi je n'ai pas de Papy ?

– Hein ?

J'ai répété ma question et Papa a eu l'air très embêté :

– Tu sais bien... Je t'ai dit qu'il est mort.

– Oui, mais pour de vrai ?

– Ah oui, pour de vrai…, a fait Papa, avec son air tout raplapla. Pour de vrai, Romarine, je ne sais pas si mon père est mort ou vivant.

Il a toussé un peu à cause de son rhume.

– Mon père est parti de la maison quand j'avais sept ans. Il a laissé ta mamie toute seule avec ses quatre enfants.

Papa parlait très bas. Il se tenait tout bossu au-dessus de son bol de café. J'ai demandé :

– Et Mamie, comment elle a fait pour vous acheter à manger ?

Papa s'est redressé avec un grand sourire de fierté.

– Elle a été formidable, ma maman ! Elle a travaillé, elle nous a élevés, elle nous a aimés. Oh, bien sûr, on avait souvent des chaussures trop petites et on mangeait beaucoup de pommes de terre…

– C'est pour ça que souvent tu as l'air pas content ?

– Quoi ? a fait Papa, l'air pas content.

J'ai expliqué :

– Oui, c'est à cause des pommes de terre et des chaussures trop petites…

– Tu crois ? a dit Papa, tout raplapla.

Je me suis levée. J'ai mis mes bras autour de son cou et j'ai murmuré :

– Mais moi, je t'aime. Tu me quitteras jamais, hein, Papa ?

– Jamais, ma chérie, jamais.

J'ai embrassé Papa juste sur sa larme. Angelo a raison. C'est bon. Si je me refais un sérum de vérité, pour que ça marche vraiment, je mettrai mes larmes dedans.

L'espionne

Retrouve Romarine, l'héroïne de Marie-Aude Murail, dans les autres titres de la série.

Romarine, neuf ans, est *L'Espionne*, celle qui veut tout comprendre, tout savoir des gens qui l'entourent. Son imagination débordante et ses méthodes d'investigation originales l'entraînent dans des situations hilarantes. Des intrigues enlevées, drôles et pleines de tonus !

L'espionne, n° 149

Romarine a bien des soucis. Tout d'abord, elle a eu une mauvaise note à l'école, qu'elle doit faire signer par ses parents. Puis elle a surpris sa sœur en train de fumer et, enfin, elle a découvert son frère enlaçant une jeune fille dans sa chambre ! Romarine, qui souhaite devenir espionne, va devoir régler ces problèmes au plus vite !

L'espionne fonde son club, n° 150

À l'école, Romarine a fondé un club d'espionnage avec quatre amis. Leur première mission : découvrir le prénom de la maîtresse sans se faire remarquer. Mais attention à Angelo ! Il a bien envie de le savoir avant elle ! Et ça, Romarine ne peut l'accepter !

L'espionne joue à l'espion, n° 155

Romarine est persuadée que ses nouveaux voisins cachent quelque chose de suspect. Avec son club, elle commence l'enquête dans l'escalier… Catastrophe ! Sa voisine la prend pour un garçon et l'invite à rendre visite à son fils !

L'espionne sauve la planète, n° 157

Romarine et son club d'espionnage sont en sortie de classe. Leur objectif : nettoyer la plage du Grand Crohot. Ils ont un appareil à détecter les bombes, et vingt minutes pour sauver la planète. Romarine et son équipe réussiront-ils leur mission ? C'est sans compter avec Angelo. Lui aussi a une idée qui fait boum !

L'espionne arrête d'espionner, n° 166

Romarine s'occupe des affaires de cœur de son frère et de sa sœur. Mission délicate ! Noël a deux amoureuses ; Boubouillasse, elle, n'a personne. Romarine les espionne pour tenter de les aider, mais ils ne sont pas tout à fait d'accord… L'ambiance familiale est explosive !

L'espionne allume son robot, n° 168

Le club d'espionnage de Romarine a décidé de s'équiper d'un robot pour les missions dangereuses. Romarine réussit à transformer Emmanuel en robot. Mais, très vite, Mano le robot devient incontrôlable… Romarine va-t-elle se sortir d'affaire ?

L'espionne s'énerve, n° 172

Romarine est très énervée : Papa ne veut jamais qu'elle aille dormir chez des copains, sous prétexte que c'est des garçons qui l'invitent ! En plus, Gabrielle, la nouvelle de sa classe, est toujours collée aux baskets d'Angelo. Mais l'espionne ne se laissera pas prendre son amoureux ! Son club d'espionnage va passer à la contre-attaque.

L'espionne se méfie, n° 174

Alerte ! Romarine et son club d'espionnage soupçonnent fortement les CM2 d'être des extraterrestres de la planète Gueugueu. Signe distinctif : ils auraient six doigts de pied. Oui, mais comment le vérifier ?

Achevé d'imprimer en septembre 2004 par OBERTHUR Graphique
35000 RENNES – N° Impression : 5989
Imprimé en France